To
Mam

Oddi with
Iwan x.

Hawlfraint y dethol a'r darluniau: © Helen Exley, 1992

Cyhoeddwyd gyntaf ym 1992 gan Exley Publications Cyf., Chalk
Hill, Watford, Herts, WD1 4BN, dan y teitl *To a Very Special
Mother.*

ISBN gwreiddiol: 1-85015-256-X

Argraffiad Cymraeg cyntaf: 1994

Golygwyd gan Helen Exley
Darluniau gan Juliette Clarke
Testun gan Pam Brown

ISBN: 1-85015-562-3

Cysodwyd gan Y Lolfa Cyf., Talybont, Ceredigion, Cymru,
SY24 5HE.
Cyhoeddwyd gan Exley Publications Ltd., 16 Chalk Hill, Watford,
Herts, WD1 4BN.

I FÁM
arbennig iawn

Testun Pam Brown

**Addasiad Cymraeg gan
Elfyn a Nansi Pritchard**

Fe gymeraist ti bethau cyffredin bob
dydd a gwneud imi deimlo'n rhywun
arbennig iawn. Oherwydd hynny, beth
bynnag a ddigwydd imi, mi wn fy
mod yn werth rhywbeth.

. . .

⊞EXLEY

DIM OND MAM

Mamau sy'n gwybod
pan fyddwn
yn cymryd arnom.

. . .

Dim ond mam all gofleidio
drwy'r post.

. . .

Gall mamau drwsio rhywbeth
ar ras.

Dim ond mam all uno casgliad
amrywiol o unigolion yn deulu.

. . .

Dim ond mam all ddysgu gweld
drwy lygaid ei phlant. Oni bai am
hynny, ni fyddai'n sefyll yn y
glaw yn gafael mewn llaw fechan
fudr, yn edrych ar ddyn yn gweithio
mewn twll yn y ffordd.

. . .

Mamau yw'r unig rai
wnaiff ddweud y gwir
wrthych pan fydd
hynny'n brifo.

. . .

Dim ond mamau sy'n
gwneud rhestrau.
Rhestrau sy'n tyfu'n fwy,
ac yn fwy, ac yn fwy . . .

. . .

Mamau yw'r rhai sy'n bloeddio
ar eich ôl gan chwifio beth
bynnag a anghofiwyd gennych.

. . .

Mae mamau ar gael bob amser.

. . .

DIOLCH

Diolch, Mam, am yr hwiangerddi a'r caneuon ddysgaist ti i mi. Digon i bara am oes. Diolch am ddangos y machlud i mi am y tro cyntaf. Ac am gerdded gyda mi pan oedd hi'n tresio bwrw. A chrwydro ar hyd y traeth gefn gaeaf. Diolch am adael i mi gario cregyn a chreigiau a changhennau adref. Diolch am adael imi gadw broga yn y tŷ. Diolch i ti am gyffro bod yn fyw.

. . .

Diolch am dy eiriau – "Gwna dy orau, gweithia'n galed, ac os na lwyddi di, gwna rywbeth arall." Arbedodd lawer o dor-calon.

. . .

Diolch am beidio dweud, "Mi ddywedais i." Wel, ddim yn rhy aml.

. . .

Diolch am fod ar gael bob amser. Heb
ymyrryd. Heb hawlio gormod.
Yno.
Ar gael bob awr i roi cyngor ar annwyd,
sillafu, llyfrau da, Mozart, anrhegion
ffrindiau, defnyddio'r llyfrgell,
cliwiau croesair.
Ac ati.
Yn barod i godi pac a dod os oes angen.
Ar unwaith.
Ysgwydd barod i grio arni.
Rhywun i ddweud y newyddion wrthi.
Rhywun i chwerthin am ben y doniol.
Rhywun â chyflenwad
diddiwedd o gariad.
Beth bynnag fy nghamwedd.
Bob amser.

. . .

DINAS NODDFA

Pan oeddwn i'n fach ac yn ofnus, fe fyddet yn
rhoi'r golau ymlaen ac yn dangos imi'r
holl bethau cyfarwydd yn fy llofft – yna ei
ddiffodd ac eistedd gyda mi yn y tywyllwch nes
fy mod yn hollol hapus gyda siapiau'r
pethau o 'nghwmpas.

Byddai Dad yn mynnu dy fod yn cau'r drws ar
dy ôl, ond fe fyddet ti bob amser yn
dychwelyd i'w agor fymryn bach er mwyn i
mi gael llygedyn o olau i weld nad oedd
dim yn fy mygwth.

Rywsut mae pethau'n dal yr un fath. Mae fy
mhryderon yn fwy erbyn hyn, a'm byd yn
ddigon simsan – ond rwyt ti'n rhoi llygedyn o
olau i mi, a gallaf weld mor fach mewn
gwirionedd yw fy mhroblemau. Gweld y medra i
ymdopi â nhw yn lle rhedeg i ffwrdd.

. . .

Mam ydi'r un sy'n clywed pan
fyddwch chi'n crio'n ddistaw a'ch
pen ar y gobennydd.

. . .

Pan fo'r gofid yn annioddefol,
ffoniwch adre.

. . .

Mae cariad yn gyffrous,
Ond weithiau mae angen stafell
dawel, paned o goffi a Mam.

. . .

Gall mamau sychu eich dagrau
dros y ffôn.

. . .

Gan fam mae'r gynneddf hud sy'n
dal y darnau toredig
at ei gilydd.

. . .

MAMAU SY'N GWEITHIO

Golchi gwallt, cael cawod, rhoi lliw ar ruddiau llwyd,
I'r dre i brynu dillad, i'r dre i brynu bwyd,
Adre i lenwi ffurflen, a phlwc o hwfro'r tŷ,
Tynnu llwch, cymhennu, ateb galwadau lu.
Allan i weld cwsmer, tacluso llofft y plant,
Trefnu cwrdd llywodraethwyr Ysgol Dewi Sant.
Sgwennu dau adroddiad mewn pryd i ddal y post,
Bwcio gwyliau tramor, 'rôl pennu maint y gost.
Rwy'n methu'n lân â dirnad sut aflwydd
mae fy mam
Yn llwyddo i wneud cymaint – a'm cadw
rhag cael cam!

. . .

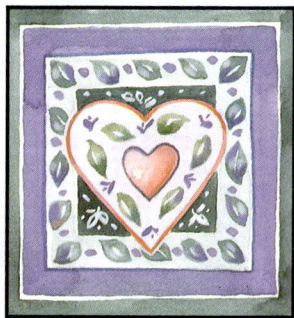

Rwy'n falch ohonot ti.

Rwy'n dy garu am yr hyn wyt ti.

Pwy sy eisiau mam sy'n sownd wrth y sinc?

Mae mam fel ti'n llawer mwy cyffrous.

. . .

Wn i ar y ddaear sut cest ti'r amser i

fy nghael i.

Ond fe gest ti amser.

Ac mae gen ti amser i mi o hyd.

Mae dy fywyd di mor llawn – ond mi wn

Fod lle ynddo bob amser

i mi.

. . .

Briciau

Tedi **Bêr**

Barcud

Doli glwt

ATGOFION PLENTYNDOD

Rwy'n cofio'r daith adre o'r ysgol, sanau duon a'r
bag trwm ar fy ysgwydd. Y diwrnod diflas tu cefn
i mi, tost a the o fy mlaen. Cofio arogleuon
cartref – fel y gwna cŵn bach.

Rwy'n dy gofio di yn y gegin, wedi rhoi dy ffedog
i gadw, yn aros i glywed y newyddion.

A dyma ni heddiw, un hen wraig ac un ganol
oed, yn eistedd mewn caffi a'r bagiau plastig yn
saff o dan y bwrdd – yn cyfnewid newyddion yr
wythnos.

I bawb sy'n sylwi arnom – dwy wraig gyffredin
â'u gwalltiau wedi gwynnu, ond mae cysgodion y
sanau duon a'r wisg ysgol yn ymrithio rhyngom.

Mae'r blynyddoedd wedi gadael eu hôl arnom,
ond wedi ein dwyn yn nes at ein gilydd.
Mam a merch – ffrindiau oes.

. . .

CARIAD MAM

Mae cariad mam fel y dur, nid fel y bluen.

Mae cariad mam yn fwy o fara cyflawn nag o bwdin.

Cariad mam yw'r tanwydd sy'n sbarduno person cyffredin i allu cyflawni'r amhosib.

Nid oes ar gariad mam angen cymaint o gwsg â mathau eraill.

Nid yw cariad mam yn malio'r un botwm corn sut ydych chi'n edrych. Iddi hi rydych chi'n hardd.

Cariad mam yw'r peth mwyaf hyblyg yn y byd – ond fel pob darn o lastig, gellir ei ymestyn yn rhy bell.

Fedrwch chi ddim prynu
cariad mam mewn paced fel
pe bai'n gymysgedd teisen.
Mae'n beth unigryw – yn
disgyn yn y canol ar brydiau
ac ambell waith yn galed
rownd yr ymylon.

Cariad mam sy'n gwneud
iddi ysgwyd ei phlentyn fel
ci ar ôl iddo bron â chael ei
daro gan gar.

Mae cariad mam fel yr awyr
iach – mor gyffredin fel na
fyddwn yn sylwi arno nes i'r
cyflenwad gael ei dorri.

Cariad mam yw'r fflam sy'n
cynnau tân y teulu.

. . .

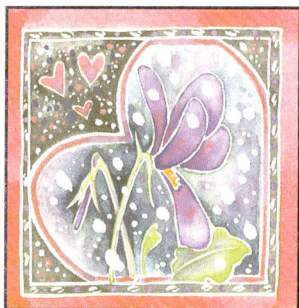

POENI! POENI! POENI!

Mae mamau'n arswydo'n feunyddiol rhag dŵr
a thân a ffyrdd unig, rhag dynion drwg a
gyrwyr gorffwyll, rhag damweiniau trên a
cheir ac awyrennau. Ond dim ond yn y borc
bach y byddan nhw'n cyfaddef eu pryderon!

. . .

All mamau ddim rhag-weld y dyfodol. Ond
maen nhw wedi rhagdybio popeth all
ddigwydd i chi mor aml, boed dda neu ddrwg,
nes eu bod wedi perffeithio eu hymateb
i bob dim.

. . .

Y mae hyd yn oed hogia mawr cyhyrog yn cael
hyd i sanau glân, tabledi fitamin C, erthyglau
papur newydd ar sut i ofalu am draed, a phacedi
o fflos dannedd ynghanol eu bwyelli rhew a'u
pitonau os cafodd eu mamau afael ar eu
bagiau cyn iddynt gychwyn.

. . .

Mae mamau'n tueddu i boeni o hyd. Diolch am
beidio dangos hynny yn ormodol.

. . .

Digon hawdd dweud, "Paid â ffwdanu, Mam,"
– ond Mam sy'n sylwi eich bod wedi anghofio
pacio'ch pasport.

. . .

BOD YN GEFN I MI

Rydw i wrth fy modd pan fyddi di'n
llawenhau yn fy llwyddiant. Ond yn
fwy fyth
felly pan fyddi di'n dal i fy nghanmol a
minnau wedi disgyn ar fin y ffordd.

. . .

Diolch i ti am beidio dweud y drefn wrtha i
o flaen pawb. Roeddet ti bob amser yn aros
i ni
gyrraedd adre cyn rhoi pryd o dafod i mi.

. . .

Diolch i ti am beidio crio pan fyddwn i wedi
gwneud rhywbeth hollol wirion.
Diolch i ti am fy ngalw'n bob enw dan
haul pan oeddwn i'n haeddu hynny. Ac
yna'n rhoi'r gorau i'r blagardio ac yn
dechrau rhoi trefn ar fy llanast.

. . .

Diolch i ti am ddal i'm cynnal pan
oeddwn i ar fy ngwaetha. Ti oedd yr unig
un a wnâi hynny.

. . .

Petawn yn dod 'nôl adref ganol nos
gyda'm bagiau i gyd, yn wlyb diferol a'm
dagrau'n lli, gwn mai dy gyfarchiad
cyntaf fyddai:
"Tyrd i mewn, cariad, tynna dy ddillad
gwlybion a gwisga 'nghot nos
gynnes i amdanat."
Gobeithio na ddigwydd hynny byth.
Ond mae'n braf gwybod.

. . .

Cariad mam yw'r sicrwydd mai elyrch
hardd yw ei holl hwyaid bach. A dyna'r
unig ffordd i godi calon plentyn sy'n
credu'n gydwybodol ei fod yn hwyaden
hyll.

. . .

AM BOPETH

Diolch i ti am ddioddef yr annioddefol.
Am lunio rhywbeth o ddim. Am roi pan nad
oedd gennyt ddim i'w roi. Am ein caru pan
oedden ni'n ymddwyn yn ffiaidd. Diolch i ti am
gyflawni'r amhosib – â gwên.
(Hyd yn oed os oedd y wên yn rhewi weithiau.)

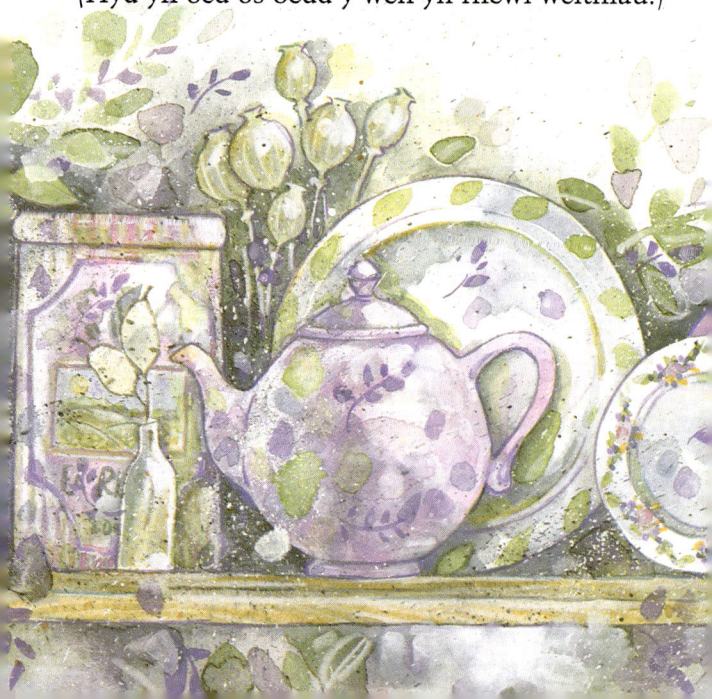

Diolch i ti am roi dy holl sylw i mi pan oeddwn
i'n esbonio calcwlws i ti.

. . .

Diolch i ti am ennill arian i'm cadw.
Diolch i ti am fy nghyfarfod wrth giât yr ysgol
Diolch i ti am setlo'r bwli.
Diolch i ti am roi ffrwythau yn fy mocs bwyd.
Diolch i ti am esbonio tynnu a lluosi.
Diolch i ti am wneud clwy'r pennau yn weddol
hawdd i'w ddioddef.
Diolch i ti am fod yno pan oedd dy angen arnaf.
Ac am y pethau bach annisgwyl.

MAMAU DROS Y BYD

Gall peiriannydd gyfathrebu â pheirianwyr gwlad
arall, ond gall mam gyfathrebu â hanner
poblogaeth y byd.

. . .

Gŵyr mamau yn union beth yw gwir hanfod
bywyd. Nid celfyddyd. Nid llenyddiaeth.
Nid gwyddoniaeth. Mae'r cyfan yn ddiddorol,
yn werth ei wneud. Ond yn sylfaenol, yn gwbl
sylfaenol, plant a phobl yw hanfod bywyd.
Mamau ddylai fod yn wleidyddion.

. . .

Diolch i ti am fod yn gyfeillgar â phawb ar
ddiwrnod trip – y merched yn yr amgueddfa,
dynion y bysys, siopwyr, yr hen ddynion yn bwydo'r
adar, a'r rhai sy'n byw mewn bocsys, twristiaid ar
goll, hen wragedd ar y bws anghywir . . .
Diolch am gyflwyno'r hil ddynol i mi.

. . .

Mamau yw'r dolennau yn y gadwyn sy'n dal y
byd at ei gilydd.

. . .

RHYDDID I FOD YN FI FY HUN

O'r eiliad y cefais fy ngeni, mynnaist mai fi
oeddwn i ac nid estyniad ohonot ti a Dad –
ac nad pwrpas fy modolaeth i oedd rhoi'r
pleser i chi gael trefnu fy mywyd, neu hyd
yn oed fy ngharu i.
Rieni annwyl, diolch i chi am roi imi'r
rhyddid i'ch caru chi.

. . .

Diolch i ti am gymryd diddordeb – heb
ymyrryd. Am fod yn gariadus, ond heb fy
mygu â chariad. Am adeiladu
nyth i mi – a rhoi'r rhyddid
i mi ehedeg ohoni.

. . .

Diolch am agor yr holl
ddrysau i mi – heb
unwaith fy ngwthio
drwyddynt.

. . .

Mamau sy'n rhoi cychwyn inni.
Maen nhw'n rhoi'r pwythau ar y gweill.
Ac yn ein dysgu sut i weu.
Ganddyn nhw y cawn ni'r patrymau sylfaenol.
Ond mae'r rhai gorau – fel ti – yn
trosglwyddo'r gweill i'n dwylo ni ac yn dweud:
"Dyma'r byd mawr, cariad. Dewis di batrymau
a lliwiau newydd. Gwna fywyd i ti dy hun."

. . .

Mae mamau da yn rhoi
brwsh a phaent a chanfas
i'w plant ond yn gadael
iddyn nhw dynnu eu
lluniau eu hunain.

. . .

DIOLCH I BOB MAM. . .

. . . a wnaeth i'r amseroedd anodd ymddangos
fel amseroedd da.

. . . a gymerodd lai o fwyd amser cinio er mwyn
i bawb arall gael ychydig yn rhagor.

. . . a ddywedodd, "Gorffen di hwn, tydw i ddim
yn ffansïo hufen iâ."

. . . a'n perswadiodd fod byw yn rhan dlota'r dre
yn fyw cyffrous.

. . . a ddefnyddiodd y dilledyn gorau yn ei
wardrob i wneud ffrog newydd i ni dros nos.

. . . a ganodd i ni ar y ffordd adref yn y glaw.

. . . a geisiodd wneud algebra.

. . . a rannodd ein brech yr ieir.

. . . a lwyddodd i wenu pan oeddem mewn twymyn a hithau ar fin mynd allan i ddathlu ei phen blwydd.

. . . a lwyddodd i gael arian colli dant y tylwyth teg hyd yn oed os oedd yn rhaid stwffio llaw i lawr ochr y soffa i gael hyd iddo.

. . . na chriodd ond ychydig pan dorron ni'r tebot gorau.

. . . a adawodd inni goleddu ein barn ein hunain, cyn belled â'n bod yn gwybod pam.

. . . a adawodd inni dyfu a hedfan yn rhydd.

. . .